흑백사진

오정자 시인은 2006년 ≪리토피아≫로 등단했다. 시집으로 『풀숲은 새들의 몸을 숨기고』(2006년 한국문화예술위원회 우수문학도서 선정)가 있다.

리토피아포에지 · 111
흑백사진

인쇄 2021 2. 20 발행 2021 2. 25
지은이 오정자 펴낸이 정기옥
펴낸곳 리토피아
출판등록 2006. 6. 15. 제2006-12호
주소 22162 인천 미추홀구 경인로 77
전화 032-883-5356 전송032-891-5356
홈페이지 www.litopia21.com 전자우편 litopia@hanmail.net

ISBN-978-89-6412-140-5 03810

값 10,000원

오정자 시집

흑백사진

리토피아
LITERATURE & UTOPIA

시인의 말

황량한 겨울 들판의 고독이
다시 오는 봄을 기다리듯
어설픈 글을 쓰며
봄을 기다립니다.

2021년 정월
오정자

차례

제1부

제2부

제3부

제4부

| 제1부 |

무심

어제 한 비질의 흔적을
소리 없이 지우는 단풍잎

비워지는 나무들은
제 몸속 갈증을 삭인다

잎들은 한 생이 기울고
나무들은 빈 몸으로 남아

초록의 꿈을
제 밑동에 묻고

또 한겨울
침묵으로 드나보다

종사宗嗣

봄이면 때죽나무 연한 이파리
배 들어간 낫
숫돌에 갈아 깨금발로 따던 그녀
거꾸로 매달려 살아도 이 세상이 좋다던
그녀의 하얀 저고리가 백조가 되어
지붕에 올라 있다

수십 년 젊음을 사른 짙은 그으름으로
한을 겹겹이 쌓아 놓은 그 집을 그녀가
꽃상여를 타고 나오고 있다

고샅을 지나 논둑길을 지난다
뙤약볕에 갈색 메뚜기
울고 가는 상여길 내주느라 이리 뛰고
저리 뛴다

쑥꾹 쑥꾹 쑥꾹새도 슬피 우는

청산의 어느 골짜기

제지기들 황토흙에 푹푹 삽질을 한다
관집 마지막 바닥을 고르며
훽훽 흙삽을 내지르는데
종가의 백발어른이 헛기침을 하며 허험
그려도 이 성씨 집에 들어와 종사헌 끝이여

아, 이 종산에 땅 한 평 차지허는 게
어디 보통 쉬운 일이간디.

종묘宗廟

인적도 드물었던 산골
몇백 평의 종묘 수난이 시작된 것은
그곳에 백만 평 산업단지가 조성된다고
몇 차선 길이 나고 아스팔트가
깔렸다

도로엔 여기저기 이정표가 매달리면서
갑자기 땅값이 거침없이 뛰어오르니
잠자듯 고요하던 촌가가
소금 뿌린 미꾸라지처럼 요동을 쳤다

네 땅 내 땅 개념 없이 평화롭던
산등선 밭떼기들에
여기저기 빨간 말뚝

빼얼건 흙 속에서 파묘를 한
뼈 몇 조각 추려 불꽃 속에서

환생한 회색빛 가루
자손에 좋은 땅이라고
고향집 뒷동산 양지바른 곳에
수목장으로 모셨는데
그곳은 또 동네 당산이라고

동네 사람들 몇십 년 이웃을 잊은 듯
삽을 치켜들고 아우성
산 사람 거처보다
망자의 재 한 주먹 거처가
더 어렵다는 현실….

허홍

군대를 갔다 온 오빠는 군대 이야기만 나오면
허홍이라는 상관 이야길 빼놓지 않았다

기압이라고 빽 하면 군화발로 정강이를 차기도 하고
매점에서 라면 하나 훔쳐 먹었다고
귀싸대기를 갈기고 푯샵을 시키고
한참 열이 오를 때는
내 소원이 무언지 아냐 사회에 나오면
그 새끼 만나 그대로 해주는 거야

몇십 년이 흐른 어느 날 오빠는
아, 내가 무궁화호를 탔는데
목이 말라 음료를 사 먹으려고
좌판 맨 놈을 불렀더니 그놈이 그놈이더란 말이다

옛날 같으면 너 잘 만났다 하고
나도 귀싸대기를 갈겼을 테지만

야, 왜 그렇게 그놈이 불쌍하던지
생각도 않은 먹을 것만 여러 가지
사고 말았어
허홍이 그놈도 나도 아뭇 소리도
못하고 말이다 참….

흑백사진

새벽이 하얗게 눈을 뜨면
똥 퍼, 똥 퍼, 소리가 비명처럼 들리던
미아리 난민촌의 아침

선잠에서 눈을 비비며 허리춤을 휘어잡고
공동변소를 향해 뛰던 사람들
이쁜이 수술을 했다는 옆집 여자도 그곳을 향해
어기적어기적 좁은 골목길을 바삐 다녔다

집집마다 작은 창을 뚫고 나온 연탄난로
양철 굴뚝들이
누런 고드름을 문 채 아침 햇살에 녹아내리고
밤새도록 구들 속으로 화염을 토해내다가
하얗게 바랜 연탄재는
대문 밖에 팽개쳐져 나뒹굴었다

공동수돗가에 십자가를 등에 메고

줄지어 서 있던 사람들

이 봄 미아리를 바라보는
도봉산 자락마다 얼굴 붉히는 진달래꽃들이
산줄기를 타고 내려오겠지.

비밀 열쇠

녹색 파이프 철대문
안에서 밖으로 잠금과 연결된
가느다란 나이론 끈이 있다

그 끈은 그 집에 거주하는 사람들만이
알고 있는 비밀 열쇠라고 믿고 있었다

어느 때부터인지 그 비밀의 끈을
한 사람 두 사람 알기 시작했다
전기 검침원이 알고 도시가스 검침원이 알고
수도 계량기 검침원이 알았다

그 수가 늘어날 때마다
구나리는 미친 듯이 짖어댔다
새벽이면 늘 담 너머에서 토끼뜀을 하던
신문 배달부가 유유히 대문을 열고
들어오던 날도 자지러지게

짖었다

난리가 난 것처럼 짖어대던 구나리는
시간이 흐를수록 짖는 일이 줄어 들었다
이제는 열리는 대문 소리에도
헛기침으로
컹, 하고 만다

눈

화등잔 같은 너의 눈이
나의 눈에 꽂힐 때
너는 나에게 뭐라 말하고 있니

나는 너에게 고기를 던져주며
이렇게 말하고 있다

어서 먹어라 어서 먹어라
너의 곁으로 누군가 접근하기 전에

허기진 너의 식욕으로 두려움을
몰아내고 어서 먹어라

드디어 안정이 돌아온 너는
허기를 채우는 동안
사람 소리 차 소리 불안한 식욕을 채우며
몸을 움찔움찔

〉

어느 때부터인가 종량제가 등장하면서
일용할 양식의 고갈에
거리의 허기진 집시들

노老각

비바람에 파닥이는 이파리들
초록 끝 눈물방울이 애처롭다

지난가을 빌라 좁은 화단에 꽃 대신 고추를 심어놓고
매일 들여다보던 노인 그 고추 옆에 오이 한 포기를 심었다
여름 내내 심심찮게 열리는 오이 재미를 보았는데
찬바람 불어 늦가을 고춧대를 뽑아내다가
문득 말라가는 넝쿨이 매운 고춧대를 감고 매달려 있는
노각 하나를 보고 그 고추대를
차마 뽑아내지 못했다

그 옆을 지나는 사람마다
할머니 왜? 저 고춧대는 안 뽑아요? 왜? 고춧대는 안 뽑아요?
계속 묻는 말에
대답을 하다 하다 지친 노인 뭐가 그렇게들 궁금해
하며 버럭 화를 냈다

〉

푸른 하늘을 향해 초록이 기지개를 켜는 이 봄
화단에는 또 고추가 심어지고
그 고추 옆에 오이 한 포기 심어져 있다

다시 가을이 오면 매운 고춧대를 움켜쥔 넝쿨에
매달린 오이도 팔십오 년의 생을 이어온 노인도
더 농익은 노老각이 되겠지

라바 콘

이사를 와서 얼마 되지 않은 어느 날 옆집 남이 조용히 다가와 이곳은 집집마다 각자 자기네 주차자리를 지켜야 한다고 콘을 갖다 세워주었다 나는 그런 그가 고마워 밤낮없이 주차자리보다 콘을 지키느라 신경을 쓰기 시작했다 그러던 중 옆집 여자가 그 주차자리를 좀 빌려달라고 한다 우리집은 차가 없으니까 콘이 아니고 주차자리를 빌려 달라는 게 좋았다 그녀는 자기네 콘을 또 그 주차자리에 갖다 놓았다 콘들은 마치 떨어져서는 안 되는 형제처럼 나란히 나란히 옆집 여자 차가 없을 때는 그 주차자리를 보초병들처럼 지켰다

그러던 어느 날 어느 탑차가 그 주차자리를 침범하면서 콘들을 뭉개고 말았다 콘은 목이 꺾이며 나동그라졌다 나는 콘들을 어쩌자고 하며 빨리 원상대로 해놓으세요 탑차 남자는 그러니까 왜 이런 것들을 세워 놓아요 한다 여기선 이 콘들이 있어야 주차자리가 지켜지니까 세워 놓죠 어쨌든 콘을 원래대로 해 놔요 탑차 남자는 당당한 표정으로 나는 그렇게 못하니까 법으로 해 보시던지 그리고는 탑차를 몰고 가버린다

찌그러져 고개 숙인 콘을 보며 이젠 그 무엇을 지키느라 신경을 쓰지 않아도 되는 홀가분한 마음이 되었는데 옆집 남자 또 조용히 다가와 아이고 콘이 말이 아니네 잘 수리해서 갖다 다시 세워 드릴게요

저승 문고리

세상의 공기를 마시는 순간부터
그놈은 내 곁을 오락가락하면서
얼쩡대었지

가끔씩 그놈이 호되게 성질을
부릴 때마다
저승 문턱까지 끌려가
놈을 달래느라

채워도 채워도 항상 배고프다고
칭얼대는 또 한 놈을 탕진하면서

저승 문고리를 잡고
사정 사정 되돌아와

꽃 피고 새 우는 밝은 이승에서
그놈들과 계속 여행을 하고
있는 중이야.

유월

유월을 빨갛게 물들이면서
유월이 가는 동안
붉은 혀끝으로 태양을 먹고
너는 가시를 드러내며
핏덩어리를 뱉는구나

한 시절 화려한 가슴으로
땀에 젖는 누굴 위해
시원한 그늘 지워준 일 있었는가

비바람이 지나간 자리마다
낭자한 너의 흔적이 밟혀
사라지는 붉은 장미야

문화촌

문화촌 산동네,
겨울바람은 유난히 추웠다

산비탈을 휘돌아 길이 없는
길을 내고 십구공탄 구멍에
새끼줄을 끼워 들고
오르고 내리던 곳

바람에 버티는 바위 틈새에
물관을 박은 작두 우물에
몇 가구의 목을 적시며
고집처럼 버티던 그곳 사람들

어느 날 대박 터진 문화촌
산동네

루핑집의 가난을 묻어버린
고층 아파트 화려한 불빛

와룡리

와룡리 불기둥이 연기와 함께 치솟던 밤
동네 청년들이 떼 지어 몰려갔다

기름을 가득 싣고 달리던 열차가 철로에 뒤집히면서
거대한 쇳덩이가 불덩이가 되어 불꽃을 내뱉고 있었다

그 불 속에서 허리가 잘려 꿈틀거리는 사람
살려줘, 살려줘, 작은 비명소리가 들리지 않을 때까지
누구도 그의 곁을 접근하지 못한 채 구경만 했다는 말

몇 날을 두고 와룡역 철로 위에는 꺼먼 연기가 피어올랐다
날씨가 흐리고 안개가 자욱할 때는 와룡리 기차 소리가
삼시동 산등선을 넘어 동네 앞뜰까지 젖어 들었다

몇십 년이 흐른 지금 얼어붙는 추울 겨울밤
길고양이 싸늘한 울음소리가
살려줘, 살려줘,

한, 생生

한 줌의 흙냄새조차
스며들 수 없는 콘크리트 벽 사이
그 틈새를 비집고
어느 날 하늘을 향해 여린 머리를 디밀고
세상에 나왔다

비바람이나 치들어야
물 한 모금 목에 적실 수 있는 곳
명주실 발끝을 틈새 속에 붙이고
바로 설 수 없는지 구부정한 몸이다

한여름 뙤약볕 목마름에 몸살을 앓아
고개가 처질 때도 많았다
햇살이 풍성하게 쏟아질 때면
하얗게 웃기도 하고
푸른 날들 아롱이다롱이 새끼들 품어 길고 짧은 날 견뎠다
〉

어느 저리 이파리들
붉은 가을을 토해내고
밤새 세찬 바람 우는 소리 들렸다

그 밤, 분진粉塵의 흔적도 남기지 못하고
사라져버린
먹딸기, 한그루

봄비

얼마나 머언 길을 잠도 자지 않고
자박자박 밤을 세워 걸어오는가

창밖 화단에 터를 잡은 씨앗들
입 벌어지는 소리
빗물 들이키는
후루룩 후루룩 소리
봄이 젖는 소리

계단

숨을 헐떡이며 조금씩 조금씩
아득한 계단 위를 바라보며 오르기 시작했어
어느 순간 네 허리의 지렛대가 흔들리기 시작했지
오, 점점 아득해지는 저 빛나는 꼭대기 광활한 문
오늘도 빙판인 계단을 밟는다

후보님들

선거 사무실, 후보님, 심각한 얼굴로 동구역 남구역 완전히 공약해야 합니다. 하루 일당 몇만 원 명함 한 보따리 받아들고 길거리로 나섰다 내미는 명함을 받아주는 것만도 고맙다 사람의 얼굴보다 손이 더 반갑다 얼굴은 보지 않고 하루종일 손만 보고 다녔다 아이구, 아까도 주었잖아요, 그렇게 한 달 수입 얼마 그땐 그랬지 계속 선거만 해줘도 밥은 먹고 살겠다고,

시장통을 지나오는데 누군가 등 뒤로 다가와 어깨를 주물러댄다 어깨띠에 후보 이름과 번호가 보인다 시원합니다 실컷 주물러 주세요 이런 안마를 이런 때 안 받으면 언제 받겠어요 그리고 이런 때만 이러지 말고 당선이 되어도 이런 마음으로 국민을 생각하라구요

이제 할 수 있는 일이란 도장 하나 꾹 눌러주는 일밖에 없다 옛날은 고무신 비누라도 주는 일이 있었지만 지금은 김영란법이니 뭐니 돈 많은 출마 후보님들의 밥 한 끼 대접

받을 서민들의 기회마저 없앤 개떡만도 못한 법을 만들어놓고 지들끼리 망치 탁탁탁, 치고 농촌에서는 밥 한 끼 얻어먹고 기백의 벌금 때문에 농약 먹고 자살했다

겨울잠에서 깨어나 눈을 뜨는 들녘에 농기계 소리 울려퍼지는데, 떡고물도 안 생기는 마이크 소리가 귀 터지게 들리겠지

| 제2부 |

벼슬

하나 마트를 갈 때마다
그 화려한 벼슬이 내 눈을 유혹했다

그리고 가을볕이 시들하고 가로수 은행나무가
은행알을 뱉어내 구린내를 풍길 무렵
꽃인지 꽃이 아닌지 고고한 그 벼슬을 마음속으로
탐하기 시작했다

어느 날 조용조용 그의 곁으로 다가가 그의 목을 잡고 흔들었다
순간 힘없이 목이 꺾이며 축, 처지는 고개
그때 어느 창 구멍에서 흘러나오는 찢어지는 목소리
왜 남의 것에 손을 대는 거야,
목이 꺾이며 바닥에 흘리는 까만 씨알들,

수도원 가을바람이
고개 숙인 맨드라미를 살짝 흔들고 지나간다

향촌

비탈진 산동네
구석진 자갈땅 예전엔 누가 그곳에
눈 한 번 흘긴 일 있었던가

밤낮없이 블록을 쌓았다 허물었다
시끄럽던 곳에 굴착기가 몰려 왔다
새마을이 향촌으로 바뀌는 순간이었다

굴착기로 무섭게 찍어내리등만
밥을 먹던 밥상도 놔둔 채 주인은 떠나고
허기사 꼬리 치는 개도 띠어놓고 가든디
돈이 무섭긴 무서 돈이면 정도 띠어 놓을 수 있응게

거그가 노다지 굴이라고 고물 장사들이 파리 떼 붙듯 헌디야
그런디 그 잡쓰레기는 다 얻다 버린 디여
까딱하다가는 세상 쓰레기로 내 발등까지 묻힐까 무서

〉

이제 나도 산동네 루핑집 찾아댕기며 살아야겄어
하이고 쓰잘떼기 없는 소리 허덜 말어
인자 루핑집도 씨가 마른디여

골목마다 부동산 부동산 입 간판들이 좁은 길목에
두 발을 버티고 서있다

목단

언제나 봄이면 빌라촌 작은 화단에
환하게 웃고 있던 목단꽃
오가는 사람들 눈잔치에 즐거웠다

많은 세월 뿌리를 내려 박고 무성히 몸을 불렸던 곳
어느 날 그곳을 떠나야 했다

아스팔트 가득한 마당 유일하게 남아 버티던
작은 화단에 흙 억센 콘크리트에
점령당하고 말았다

태자리를 잃은 슬픔인가
같은 공기 같은 햇살에도
낯선 땅에 몸을 세운 목단은
그 무엇도 뼛속까지 들 수 없는지

부스러질 듯 마른 이파리에
빗물 적시며 눈물로 고개 떨구고 있다

가로등

동네 골목길 밤이면
어둠을 밝히고 서 있는
외눈박이 가로등 아랫도리는
항상 젖어 있다
술 취한 술꾼들의 간이 화장실쯤 되는
가로등이다

어느 날 그 가로등 허리에 아줌마 엉덩짝만 한
호박 사진이 붙었다
누군가 댓글을 달았다 무슨 뜻이요 정체를
밝히시오

설명도 없는 그 전단지에 의견이 분분하다
누군가는 요즘 자고나면 당이 생기는데
호박당이 탄생했나

오락가락하는 철새들이
물 좋은 당이라면 모여들겠지,

느그 아버지

야야 느그 아버지는 매일 먹는 밥을 어떻게 소화 시킨지 아냐 오고가는 사람들에게 쓴소리 퍼붓는 일로 소화를 했어야 심지어 신작로 가시 논에서 모를 심을 때 읍내 여인네들이 장구 치며 살구꽃 만발한 흥복사로 놀러 가다가 되지게 욕을 먹었지 농촌에서 힘들게 일하는 사람들 눈꼴 사납게 무슨 똥장구를 치고 춤을 추느냐고,

근디 이상하게 옛날에는 느그집이 그렇게 크고 높아 거기에 앉아있던 느그 아버지도 엄청 높게 보였는디 지금은 느그 아버지가 그 자리에 없어서 그런지 그곳이 쬐꼬맣게 보여야 하여간 느그 아버지는 봇장이 엄청 컸어야 남에게 쓴소리 하는 것도 용기가 있어야 할 수 있는 것 아니냐

그려 용기로 말하면 느그 아버지 당할 사람이 없었지 자유당 시절 투표소에서 사인조 오인조로 들여보내 투표를 하게 할 때도 순경놈들에게 쓴소리를 하시다가 경찰서로 끌려가기도 하고 길 가다가 아무 데나 거시기를 내놓고 오줌을 깔기는

놈 지팡이로 머리통을 때리다가 지팡이를 빼앗겨 뿌러트리는 일도 당하고 육이오 전쟁 때는 동네로 들어온 피난민들을 모두 데려다 윗채 아래채 집을 온통 난민 수용소를 만들기도 했지.

그려도 느그 아버지 눈물은 징하게 많은 사람이였어야 그런 게 친구의 아들이 방죽에 빠져 죽었을 때 느그 아버지 눈물 땜시 방죽물이 엄청나게 불어났다고들 했어야 마른 땅에 느그 아버지 눈물 같은 빗물 쏟아지면 흙냄새 화하니 일어나는 길들은 잊지는 않았겄지야?

둘리

새벽잠을 깨우는 둘리 컹컹컹
개선장군인 듯 빌라 마당을 뒤흔든다
오랜 동안 가난과 싸우다 패잔병이 된 포차는
어둑한 지하방 창문을 뼈만 남은 채 지키고 있었다

그 빌라 주민들은 주민의 자존심을 손상시키는
저 포차를 치워달라고 아우성이었지만
누구의 말도 듣지 않는 둘리 할아버지

그 옆집 마티즈 노인은 마티즈를
아무 데고 개념 없이 대어놓으니
시도 때도 없이 주차 시비가 벌어졌다

어느 순간부터인가
쏘세지만 먹여 키운 비대한 몸으로
외롭게 혼자 나와 컹컹 짖던 둘리도
할아버지도 사라졌다

그리고 빌라 주민의 자존심을 죽이던
포차도 치워졌다

언젠가 둘리 할아버지가 무화과를 창으로 던져주려다
힘이 빠져 그만 포기하고 말았던 일이 있었다

이후 얼마 가지 않아 마당 가득
소리를 채우던 마티즈 노인도 이승을 떠났다고 했다
눈 한 번 감았다 뜬 한순간 같은데

땅

말없이 순한 땅아
주저 없이 속살까지 내어주는 땅아
그 아픔 견딜 수 없어
눈물이 홍수가 되어
이 강산을 할퀴는구나

산자락마다 찢기고 베어져
고향 잃은
산짐승들 갈 곳 없어 해매는구나

어느 골목 어느 주택가
침입자가 된 멧돼지들

구拘나리의 일생

황구黃拘와 흑구黑拘가 무엇이 다르단 말인가?
순전히 옷색깔이 누렇다는 이유로 나는 그날
새로운 주인에게 입양이 선택 되었다

상상에서도 보지 못한 곳으로 끌려 온 그날 밤
주인과 나는 목욕을 하고 침대에 누워 잠을 청했다
잠은 오지 않고 갑자기 보이지 않는 엄마와 흑구 형이
보고 싶어 몇 번을 소리쳐 불렀지만
엄마도 흑구 형도 대답이 없었다

꿈결 같은 밤이 가고 날이 밝았다 눈치를 살피며 창문 쪽을 보니
창문만 박차고 나가면 부모 형제와
넓은 마당 넓은 풀밭이 있을 것만 같아
방충망 곁을 얼씬거리다가
죽을 힘을 다해 방충망을 물어뜯었다

순간 눈에서 별들이 번쩍거렸다

깨갱깨갱, 아, 보고 싶은 엄마, 흑구 형,

방충망을 뚫고 밖으로 나왔지만
아래를 내려다보면 아득한 계단
뛰어보려 해도 좁은 콘크리트 바닥뿐 사람 소리 차 소리
그리운 마당 넓은 풀밭은 없었다

정신없이 날이 가고 어느 순간부터인지
엄마가 주는 밥에 입맛이 들어갔다
찬바람이 으스스 눈발이 날리고
때때로 열리는 현관문 안이 그리워
호시탐탐 뛰어들어 가려 했지만
엄마의 완강한 방해로 들어가지 못했다

마당에 대추나무가 수없이 누런 잎을 날리고
추위가 있을 때마다
빈 가지에 눈꽃이 피는 모습을 보았다

가끔 사람들이 내게 제도 이젠 늙었어 하는 소리를 들었다
그럴수록 나는 낯모르는 사람들이 집에 들어오면
더욱더 우렁차게 짖었다

웬일인지 요즘 엄마가 왔다 갔다 수상하다
그리고 어느 날 무섭게 생긴 사람들이 들어와
살림들을 밖으로 내어갔다
나는 너무너무 무서워 왔다 갔다 어찌할 줄을 몰랐다
엄마는 그런 나를 화장실에 가두었다 웬지 너무 슬펐다

그리고는 새로운 집으로 오게 되었다 첫날은 너무 놀라
그 집을 뛰쳐나오려고 두 발로 창문을 긁었다
엄마는 그런 내게 구나라 이제는 이 베란다가
네가 있을 곳이란다

하루 이틀 안정을 되찾고 밥맛도 돌아왔다 자세히 보니
참 좋은 집 같다 엄마와 오빠가 식사하는 모습도 볼 수 있고

가끔 정든 동네 아줌마들도 놀러 와 환히 보이는 창문으로
볼 수 있으니 이렇게 좋은 집을

이제 밥맛이 나면서
엄마와 오빠가 먹는 밥이 무지 맛있게 보였다
나는 식사 때마다 칭얼댔다
그런 내게 구나라 이 엄마 밥이 그렇게 먹고 싶어
하며 밥을 조금씩 남겨 주기 시작했다
그리고는 한동안 엄마가 주는 밥을
허겁지겁 먹었을 뿐인데 어제 저녁밥도 맛있게 먹었는데
지금은 그 맛있는 밥을
먹을 수가 없다 아 뱃속이 너무 아프다

구나라 오늘만 참아 줘 하는 엄마의 소리를 들었다
점점 견디기가 힘든 나에게
엄마는 작은 쏘시지를 먹으란다 힘들게 먹었다 어둠이 온다
하루종일 엄마만 바라본 내 눈이 자꾸 감긴다

엄마는 구나라 내일 일찍 병원 가자 하고 잠자리로 들어갔다
아 자꾸만 숨이 숨이 가쁘다 엄마를 부를 수도 없는데

내일 아침 일곤이 오빠는 엄마, 엄마, 구나리가 구나리가 하며
놀랠 거야. 엄마는 구나라 구나라 수없이 나를 부르며
슬피 울겠지

엄마 너무 슬퍼 말아요 다음 생이 있다면 엄마 옆에 다시 와
재롱 많이 떨며 행복하게 해줄게요

물꼬

윗논과 아랫논 위아래로 농사를 짓는 박 씨와 김 씨를 보고
사람들은 죽을 때도 같이 죽을 거라고 말했다
술을 사고 고기 한 근을 사도 항상 같이 먹었다
벼멸구라도 생기면 서로 농약을 뿌려주곤 하던 그들이었다

이른 아침 김 씨 하늘을 보니 비로 쓸어낸 듯 파란 하늘에
새털구름 하나 없다 들에 나가 논을 둘러보았다
양분이 떨어진 모가 황달기가 있다

논둑의 물꼬를 확 터놓고 물을 쫙 빼낸 다음
다시 물꼬를 단단히 막고
허연 요소 비료를 설설 뿌려주었다

그날은 하늘이 응큼을 떨었는지 며칠은 족히 날씨가 좋을 것만 같아서
개자리도 치지 않았는데 밤이 되자 갑자기 세찬 바람이 벌떼 같은

구름을 몰고 와 빗줄기를 쏟았다
논바닥 물은 오장까지 뒤집혀 시뻘건 황토물이 되었다
새벽같이 나와 물꼬를 단속하던 김 씨 그의 논에
박 씨네 윗 논뚝 물꼬에서 콸콸 쏟아내리는 물이 보이는 게 아닌가
어제 뿌린 금쪽같은 비료 걸음이 논뚝을 넘어 아랫논으로 떠내려가고 있었다

김 씨는 사색이 되어 물꼬를 막으라고 소리치고
박 씨는 그 윗논에서 내려오는 물을 나더러 어쩌란 말이냐
하다가 대판 싸움이 벌어지고 말았다
둘은 황토물에 젖어 몸에 찰싹 붙은 삼베 등걸이를 서로 거머쥐고
이리 밀치고 저리 밀치며 물구덩이를 뒹굴었다

물은 아랑곳하지 않고 논둑을 넘어 아래로아래로 아래로 흘러내렸고

철없는 송사리와 붕어 떼들은 물줄기를 거스르며 위로위로 뛰어 오르고 있었다

석양夕陽

저무는 가을
노을이 춥다

추수 끝난 논
다 비우고도 가득한
그루터기

쓰러질 듯 서 있는
허수아비
다리가 시리다

이발

아들이 머리를 깎는다
이발사의 가위를 보면서 불안하다

최고의 작품을 내놓으려나
표정이 남다르다

조금은 기대를 해보기로 하자
점점 머리털이 짧아진다
아낌없이 갈겨대는 가위질 사각사각

좋은 작품을 위해
자꾸자꾸 잘려나가는 머리털
머리털 끝이 머리 두피에 도달하기까지
몸을 비틀며 하던 가위질이 끝났다

아들은 시원하다를 연발한다
시원할 수밖에

가차 없이 삭발을 했으니
한 덩이 메주처럼

육이오

들판에 가득한 초록들이
유월 햇살에 칼날처럼 빛났다

느닷없는 비행기 소리 따발총 소리 그 총알들이
지붕 천장을 뚫고 방안으로 쏟아지는 것 같았다

그리고 수십 년이 흐르도록 동네 아저씨
전쟁터 이야기

어느 곳에다 쏘고 있는지도 모르게
총을 쏘다가 정신을 잃고 꿈을 꾼 듯
눈을 떴다 사방은 검은 절벽 목이 말랐다
바닥이 질척질척했다
물이다 허겁지겁 물을 쥐어 먹었다
갈증이 풀리는 것도 같았다

날이 밝았다 병사들이 여기저기 쓰러져 있고

꺼질 듯 말 듯 신음소리
살아 정신이 든 병사들은 서로의
얼굴을 쳐다보며 다시 비명소리를 냈다
입을 중심으로 얼굴에 시뻘건 핏물
밤새 물을 마신 게 아니라 피를 홀짝거렸던 것

이제 칠십 년이 지난 그 이야기
아저씨는 이승을 떠나셨다
아직도 계속되고 있는
전쟁의 여음

목선

그날은 깜깜한 밤이었디요
많은 사람을 태운 목선이
이남을 향해 뜨면서부터시리
뒤뚱거리지 않았갔수

거저 애미나이들은 무섭다고시리
어마니를 움켜잡고 벌벌 떨디요
어드메쯤 왔는지 도무지 깜깜하니끼시리
알 수가 없는 기라요

기우뚱거리는 목선에 놀란 사람들이
이리 몰키고 저리 몰키고 그만
아수라장이 되고 말았디요
그르니끼시리 으드렇게 된 거인지 그만
목선이 가라앉기 시작하는 기라요
으드렇게 하갔시오 두 아이를 양팔에 끼고
저만치 보이는 바닷속 꺼먼 바위 같은 곳을 향해

헤엄을 치니끼시리
뒤에서 머리를 산발한 물구신 같은 사람들이
거저 자꾸자꾸 매달리는 기라요
으드렇게 하갔시오
거저 발로 차내며 차내며 그 꺼먼 바위 같은 섬으로
헤엄쳐 가는 동안 목선도 비명소리도
바닷속으로 가라앉고 말았디요

몇십 년 흐른 꿈속 같은 피난길 이야기다

노총각 장가가던 날

만가실 천 씨네 집 마당 높이 채알이 처지고
바닥에 짚을 깔고 그 위에 멍석을 깔았다
부엌에서는 부침이 냄새가 진동해 동네 개들도
콧구멍을 하늘로 들이대며 실룩거렸다

정오가 한참 지나 해가 서쪽으로 고개를 숙이는데
우물가에서 빨래를 하던 문기 아낙이 손끝에 물기를 털며
바삐 신작로 길로 가고 동네 아낙들이 일제히 그곳을 향해 달려가며
꽃테이프가 나부끼는 가식기리에 시선을 집중했다
노총각 신행차가 온 것이다
도락꾸 위에서 우인 대표들이 물 쏟아지듯 내리고
가식기리에서는 홍조 띤 얼굴로 신부와 신랑이 내렸다

온 동네가 노총각 딱지를 떼었다고 웃음꽃이 피었다
그리고 얼마 되지 않았는데 또 경사가 났다고 온 동네가 떠들썩했다

장가 든 첫날밤에 신부가 애를 가졌다는 거다
그때부터 신부는 온 식구들이 해주는 좋다는 보약을 납죽납죽 받아먹은 것인데

어느 날 그만 팔삭둥이 칠삭둥이도 아닌 육삭둥이를 낳은 거다
이게 무슨 가문에 똥칠이냐 어느 개뼈다귀인지도 모르는
핏덩이 한시도 집안에 둘 수가 없다고 사돈에 팔촌까지
난리법석이니 핏덩이가 세상에 나오자마자
산모는 집을 쫓겨 나오는 신세가 되고 말았다
친정 부모도 모르는 아이를 가졌으니 친정으로도 갈 수 없는 처지라
삼월의 시린 바람이 어둠을 쓰레질하는 밤
그의 집 곁을 떠나지 못하고 살려달라고 애걸을 했지만
온 집안 식구들이 교대로 보초를 서는 통에 죽고 못 살게
사랑을 나누던 신랑을 다시는 볼 수가 없었다

추위에 떨며 앓고 있던 핏덩이는 울음도 크게 울어 보지 못하고 그만 죽고 말았다
그 후 산모는 어디론지 가버렸다

그녀가 사라진 지 얼마 가지 않아 노총각은 또 새 장가를 갔다
어데서 데려온 신부인지 기운이 황소 같아
나락 타작할 때는 나락못을 팽이 돌리듯 던져
나락탑을 쌓는다고 동네 사람들은 새색시 잘 봤다고 칭찬이 자자했다

그렇게 몇 년을 보낸 그들은
앞산 잔솔백이 누런 단풍이 다 떨어지는 초겨울
농사는 수지가 안 맞는다고 도회지로 떠났다

그의 농토는 잡풀이 무성해 주인을 기다리지만
도회지 어느 곳에 뿌리를 내렸는지

명절 때면 조상 묘 앞에 청솔가지 몇 개 꺾어 놓은
흔적으로 그래도 뻐대는 지키는 자손이라고
집안사람들은 애써 말을 흘린다

은행나무

햇볕도 지나다 허리가 꺾이는 담장
거기 연둣빛 이파리들 나부낀다

은행나무 가지들은 앞집 뒷집 경계도 없이
담장을 넘어 마당을 건너
자꾸만 뒷집 창으로 뻗어만 간다

뒷집 주인 제 창으로 자꾸 기어드는 은행나무
가지를 흘겨보며
이놈의 은행나무는 어쩌자고 우리집으로 뻗어와
창을 가리는 거여,
투덜거린다

앞집 주인
은행나무 가지 좀 넘어갔다고 지랄이여 상종 못 할 놈이네,
맞수를 놓는다.

〉

어느 날 그 가지,
주인의 손에 모질게 베어졌다

그렇게 옥신각신 밤과 낮이
돌고돌아, 이파리들 윤기를 잃더니
그만 우수수 떨어져 속절없이 담장을 넘는다

뒷집 주인, 마당을 쓸며 또 투덜댄다
아니, 이놈의 은행잎은 왜 우리 마당으로만 떨어져
그 말을 들은 앞집 주인
또 지랄이네 이웃 간에는 황소 한 마리 가지고
다투지 말라는 옛말도 모르는 무식한 놈 에라잇 퉷, 퉷,

은행나무는 말이 없다 그저
노란 잎만 떨군다

흉년

수다댁 이빨이 왜 그렇게 꺼무요
무릇싹에 쑥 때문이지라이
얼굴이 매급시 부황 들린 사람 맹키로
부운디다가 누러저서 남사스럽잔이유

그려서, 무릇싹에 사카린을 눟고
엿맹키로 고와 먹었는디
이렇게 이빨이 씨꺼머지드란게
고것이 먹을만 합디여?
이잉 먹을만 헙디다.

새끼들 고물고물 허제 상은 안 팔리제
이 흉년에 살란 게 별수 있간디유

화롯불에 아교를 녹여 붙치고 옷칠을 혀서
파리가 낙상할 만큼 번질번질한 상인디
고라실마다 매고 다녀도 흉년이라

어느 시러베 아들놈 하나
거들떠 보지 안협디다

굶기를 밥 먹듯 하다가 누래지는 얼굴
부황 징조 같아 무릇싹과 쑥에
사카린을 넣고 고와 먹은 것인디

애비 애미 새끼들 허옇던 이빨
골 깊은 가난의 그으름만 질다

피서 일기

구나리는 혀를 길게 빼고 헥, 헥, 헥, 에어컨에 바람에 파묻힌 집집마다 창문도 열지 않는다. 상가 셔터는 무겁게 입을 다물고 부적처럼 붙은 하얀 종이쪽지에 "휴가", "휴가" 가게에 팥 바구니 쥐 드나들 듯하던 사람의 발길도 끊겼다. 갑자기 동네가 고요하다 선풍기도 없이 더운 마루바닥에 벌렁 누워 모기소리에 신경을 곤두세우고 있는데 며느리의 전화가 왔다. 피서 갈 준비를 하란다 아들이 장가를 가더니, 이게 무슨 서쪽에서 해 뜰 일이냐, 대충 챙기는 것도 없이 삼십이 넘었어도 마냥 어린애 같은 막내를 앞세우고 차에 올랐다. 가도가도 끝이 보이지 않는 산줄기, 푸른 산등성이를, 뱀이 또아리를 친 듯 구불구불한 길이었다. 얼마를 가다가 맑은 물이 콸콸 쏟아지는 계곡에서 짐을 풀었다. 새막 같은 방갈로가 계곡을 따라 즐비하게 늘어서 있다. 우리는 그곳에 두 개의 방갈로를 잡았다. 점심식사가 끝나자마자 막내는 화장실을 간다고 한다 화장실이 퍼세식이었다. 막내는 죽어도 무서워 못 들어간다고 떼를 쓰기 시작했다 사타구니를 비비 꼬는 폼새가 금방 배설을 할 듯이 얼굴이 노래진다 아무리

달래도 들어가지 않겠다고 버티던 막내, 그만 자중에 암반짝 같은 넙덕지를 내놓고 푸드득, 쏟아버리고 말았다. 사람들은 손바닥으로 얼굴을 가리며 어머 웬일이야 하며 벌레를 씹는다. 정신없이 인분을 치우고 방갈로로 돌아와 생각해보니 막상 나도 들어가려 했던 변소깐을 잊고 왔다 다시 화장실을 가려는데 막내 또 급한지 저도 간다고 나선다 생각만 해도 끔찍한 막내의 배설, 막내야 너는 좀 참아라 말이 끝나기도 전 뿔따구가 난 막내 냇가에 깔린 모래를 움켜쥐고 마구 뿌린다 무심히 방가로에 걸터앉아 있던 사돈 노인이 모래가 들어간 눈을 비비며 비명이시다 제풀에 놀란 막내 어딘지도 모르는 낯선 곳을 무작정 뛰며 도망간다. 막내를 잃어버릴까봐 걱정이 된 며느리의 형부가 엉겹결에 맨발로 따라 뛰고 신발이나 신고 뛰라고 소리치며 그의 마누라가 신발을 들고 뒤따라 뛰었다 점심에 쐬주를 납죽납죽 마신 제 형은 방갈로에 널부러져 도망간 동생을 찾아오라고 흔들며 악을 썼지만 날 잡아 잡수 하고 요지부동이다 막내를 잡아 온 사돈들은 얼마나 정신없이 뛰었는지 얼굴이 홍당무가 되어 헐떡거린다 와중에 잊고 있던 내 볼이 항문을 압박한다 어쩔 수 없이 들어간 화장실 도무지 관절 무릎이 아파 쭈그릴 수가 없다 감옥소 식구통 같은 좁은 창구멍의 창틀을 움켜잡고 엉거주춤 배설에 몸부림을 치고 나니 변소깐이 지옥이었다. 밤은 오고 계곡 무록에 물오리 떼 같던 사람들이 각기 방갈로로 들어가 화투놀이에 정신들이 없다 며느리와 아들이 어딜 갔다 온 듯 다가와 가만이 속삭인다 엄마 저기 높은 곳에 있는 팬션에 올라가면 양변기 화장실이 있어요 거기 가서 살짝 보고 오세요 한다 화투놀이에 한참 열이 오른 나이가 많으신 사돈 양반들, 사돈 양반들은 화장실을 안 가시나요 응 우리는 저기 저 위에 가서 슬쩍 했지요 한다 저기 위에가 어딘지 모르겠다 그날 밤이 깊어 며느리를 따라 높은 팬션을 찾아 올라갔다 대문도 없는 팬션 안으로 들어가 살금살금 화장실로 들어갔다 막내는 화장실 양변기를 보더니 무슨 보물단지나 만난 것처럼 너무 좋아 여자 화장실인지도 모르고 잽싸게 들어간다 앙칼진 여자의 외마디 소리가 났다 그와 동시에 후다닥 도망치는 소리가 나고 도망가는 막내 뒤에서 여자는 저 미친놈 저 미친놈 하며 소리친다 방가로로 돌아와 잠을 자려니 어지럽게 꿈틀거리던 골짜기를 지워버린 어둠 속에서 계곡물은 더 크게 소리쳤다.

휴가休暇

연일 몸에서 염분을 쥐어짜는 무더위다
진열대 위 또아리에 고고하게 앉아있던 줄무늬 수박도
신나라부동산도 강가네칼국수도 문을 닫았다

고집처럼 유일하게 문을 닫지 않은
철물점집이 반가운지 누군가
어 여긴 안 닫았네
병원도 닫고 약국도 문을 닫았는데, 한다

밤마다 포화상태인 소방도로 골목
며칠 동안 주루룩 이가 빠져 주차 시비 없이 조용하다

고속도로엔 개미집 쑤셔 기어나온 개미 떼 같은 자들
나 몰라라 둥구처럼 벌렁 뒤집혀 찌그러진 차,

TV 속에서는 앵무새가 운다
오늘도 고속도로에서
일가족이, 일가족이, 일가족이

| 제3부 |

아픈 침묵

너를 동여맨 침묵의 벽
수 없이 도끼질을 한다

응고된 덩어리가 부서져
붉은 피로 살아 강물로 흘러
너와 나와 유유한 언어가 된다면,

암흑이 무너지고 세상이 하얗게 열려
날개를 달고 훨훨 비상飛上하리라

사랑이라는 말로 다할 수 없는 너
이렇게 가슴에 피멍이 드는 것은

입술 앙다물면 아픔이 오는
너는 바로 나이기 때문이란다

진실眞實

그는 신나를 몸에 뿌렸다
그리고 악을 썼다
너희들이 뭘 안다고
내 말을 거짓이라고 하는 거야
경찰은 그를 미치광이라고 했다

그는 헐떡거리며 옷깃에 불을 당겼다
3도 이상의 화상을 입은 그의 몰골은 처참했다
무더운 여름 썩어드는 살 속으로 벌레들까지 파고들었다

그는 오로지 둘만이 아는 그 진실을
끝끝내 밝히지 못한 채 얼마 후 죽고 말았다

어느 날 TV 뉴스에 나온다
술 취한 취객이 경찰서에서 분신자살 소동을 벌였습니다
그 사건은 몇 초의 뉴스였다

〉

술에 취한 그가 택시를 타면서 실수를 할까 봐 미리 승차비를 줬다는 것. 그런데 목적지에 내려놓은 택시 기사가 다시 승차비를 요구해 결국 경찰서까지 가게 된 것인데, 경찰은 그에게 알콜 냄새가 난다며 거짓말 말고 빨리 승차비를 주라고 엄포를 놓는 통에 승차비를 다시 주게 되었다는 것, 밤새 분통을 참지 못한 그가 다음날 신나 한 통을 사 들고 경찰서로 달려간 것이 죽음을 부른 것이다. 사람들은 그를 바보라고 했다.

마음

마음이 이렇게 몇 겹 젖어드는 것은
단지 비가 오는 탓만이 아닙니다

마음이 이렇게 쓸쓸해지는 것도
단지 가을이 오기 때문만도 아닙니다

가까이 있어도 끝이 보이지 않는
생의 미로

변화는 항상 불안한 것
다 비운다 해도 바닥이 보이지 않는
삶의 찌꺼기들

그 찌꺼기들의 인연으로
구속받는 마음 한 귀퉁이의
쇠사슬이
너무 질기기 때문입니다

선인장

어느 날 내 영혼 속에
둥지를 튼
쓰린 사랑이 있다

문지르면 지워지지 않고
더 빨갛게 피어오르는
열꽃 같은

마음 갈피 갈피
곱으로 끼어 숨 막히게
가슴 콕콕 찌르는
가시 사랑이

한바탕 천둥 치며 지나가는
가을 소나기라고
머리 흔들어 봐도
심장 깊숙이
멍울져 오는

태동胎動

베란다 한쪽에서
추위를 견디며
늙어가던 감자들이
와글와글
반란을 일으키고 있다

힘겹게 아파트 숲을 넘어온
햇살이
베란다 창에서 놀고 가는 사이
탱탱하던 몸들이 아리도록
파랗게 멍이 들어
쭈글거리기 시작하더니

어느 날 문득 그 살갗을
뚫고 티눈들이 불쑥불쑥
튀어나왔다

〉

그리고는

보랏빛 줄기들로 봄을 향해

힘차게 힘차게

치솟아 오르고 있었다

노인老人

딱 딱 딱
오늘도 계단 밟는 지팡이 소리
구십 노인 숨 고르는 소리

아 솜리 우리 땅
글씨 쟁기 보습에도
철컥철컥 붙는 인절미 같은
땅이여

만가실 논둑에 낫가리를 쳐놓고
발동기까지 댔는디
그 쌀을 도시로 올려 올란 게
질값도 안 나온당만

글씨 전자기 타고 집이라고
올라 갈랑게
허이구 어지러워 어지러워

〉

그려도 발등에
흙 묻어 살던 고향이
징허게 그립구만잉

고향

언제나 마음속에
또아리를 틀고 있는 고향은

뒷동산 아름드리 소나무 가지에
그네를 매고 푸른 창공을
날던 어린 시절
밭 귀퉁이에서 두엄 삭는 냄새

집집마다 넓은 마당
뒷짐 지고 고샅을 오고가던 이웃
허물없이 들어가
걸터앉아 쉬던 마루
동네 입구 시원한 정자나무

논뚝 물꼬마다 목젖 벌렁거리며
먹잇감을 탐욕貪慾하던 개구리,

어머니

언제나 때 없이 바쁜 어머니
부엌 문지방이 닳도록 넘나들며
와글와글 왕소금 손바닥으로 북북 비벼
손가락 칫솔질하던 어머니

뙤약볕 들에 나가 허리끈 조여 매며
종일 흙을 주무르다 해 걸음으로 집에 들던 어머니

누런 곡식들이 고개를 숙이고
높은 하늘이
푸른 물감을 문 만가실

아들딸 혼사로 치마 끝에
바람 일던 어머니
그 그림자 짙다

유모차乳母車

그것만은
마지막 남은 자존심,
무너트리지 말자 했지만
허리 중심이 흔들린다
가로수를 부둥켜안고 매달렸다

어느 날 용기를 내어
생각의 벽을 무너뜨리고
어설픈 몸짓으로 유모차를 밀고
길거리로 나섰다

유난히 맑은 하늘 바람은 조용히
햇살과 함께 살풋살풋
몸을 감싸다 놓아준다

길만 보며 앞으로 앞으로
그때였다 햇살에 반짝이는

은색 아반떼가 멈춘다

문이 열리고 딱딱딱 힐소리
그녀는 아반떼를 몰고
나는 유모차를 밀고

노을

제 몸 뜨겁게 달구며
하루를 걸어온 해
소나무 숲으로
몸을 내리면

들엔 은빛 노을이 출렁이고
붉게 물드는
서쪽 하늘을 가르는
저 기러기 떼

어딜 향해 가고 있을까

가뭄

산머리 천수답
거북등 벼이랑 사이로
둠벙물 퍼올리는 함지박 소리

잠깐 허리 펴며 소태 같은 입에
담배 한 대 물고
물길 빨아들이는 터진 논바닥
물끄러미 바라보던
굽은 등에 구릿빛 얼굴

꿈

꽃집에서 삼천 원에 세 그루의 꿈을 사서
화분 속에 심었다

이어지는 뙤약볕 속에서도 무성히 잎을 키워
시시때때로 물과 마음을 주었는데

어느 순간 축 처져있는 이파리들
옹벽을 타듯 달라붙어 있는 진딧물들이
영역을 넓히고 있었다
이젠 보랏빛 꿈 따위는 지워버리자 했는데

제일 못나 눈길도 안 준 남은 한 그루
넓은 이파리도 키우지 못해 진딧물도 싫었나
따가운 태양빛도 모른 체 물도 주지 않았다
어느 날

창문 밖에서 보랏빛 꽃잎들이 환하게 웃고 있었다

그 꽃 속에서 삐죽이 솟아 나오고 있는
보랏빛 가지의 꿈이

머피의 전쟁

기가 나간 남정네는 백기를 들었다
하지만 그녀는 흰머리를 날리며
천부당 만부당한 일이란다

어쨌든 이 싸움만은
저승을 가더라도 끝낼 수는 없다고
완강한 기세다

그들은 만나는 순간부터
잘못 조여진 나사처럼

세월이 가 녹슬어가는 몸을 지탱하면서도
으르렁거렸다

바람같이 나타나 바람같이 사라질 때마다
식구가 늘었다

그 새끼들 키울 때 눈 한 번 준 일 있냐고
풀기 다 빠진 몸으로 들어와
오늘도 그녀는 전쟁 무기인
밥통에 밥알 하나 남겨 놓지 않는다

소통

많은 시간 밀고 당기는
생채기로
이가 벌어지기도 했다.
비바람에 뒤틀리기도 했다.

그럴수록 더 완고해진 틈의 여유
그 사이로 쉿―쉿
속내와 소통하고 있다

굳게 다문 하이샷시가 싫다
오랫동안 내 안방을 지키고
바람 불면 흔들거리며
적막을 깨워주는
나무 창틀이 좋다

비 뿌리면 빗물에도 젖어주고
햇볕을 받을 때는 젖은 몸을

조금은 휘어져 줄 줄도 아는
그 부드러운 틈 사이가
나는 좋다.

망태

망태의 끈을 움켜쥔 채 그는 이승을 떠났다
그는 여전히 개똥밭을 해맬 것이다

이른 아침 이슬 젖은 무명바지 가랑이가
종아리에 찰싹거려도 그의 눈은 개똥만 찾았다
수십 년 전 비료를 구하기가 힘들었던 시대
개똥 한 망태면 밥 한 끼를 해결할 수 있었던
시절이었다

비료가 만발하고 개똥의 존재가 개똥으로만
취급받는 요즘
남새밭에 개똥 싸놓고 몽둥이질 당하는 개들
길거리에 배설한 개똥에
벌금을 내야 하는 세상이다

몇십 년이 흐른 후에도 그는 새벽녘이면
망태를 메고 퇴비에 필요한 잡초를 베러 다녔다

어느 날 어둑한 새벽길 교통사고로 그만…
그는 생명보다 소중한 듯
망태를 꼭 움켜쥐고 있었다

어느 농촌 한 농부의 삶

그녀들

그녀들은 연신 쫑알거린다
글쎄 이젠 잔소리 좀 그만 하세요,
뭘 그렇게 알려고 하세요
드리는 밥이나 조용히 드시며 사세요

그녀들은 말한다
글쎄 요즘 것들은 아무것도 모른다니까
제깟 것들이 뭘 안다고
새끼들 예닐곱씩을 낳아 키워 봤나
층층 시제를 거느려 봤나

엄동설한에 냇가에 나가서
꽁꽁 언 얼음 깨어가며 광목 빨래를 해 봤나
버릇없는 것들,

모두가 한 통속인 그녀들

봄이 오는 길

남녘 바람에
몸을 푸는
계곡물 소리는
숲의 침묵을 깨우는데요

지난가을
불꽃의 흔적들은

아직도 제 밑동에서
바람길로
저벅저벅
서성이고
있습니다

삶

가랑비 내리는 늦은 오후
하얀 머리 등 굽은 노인
폐지를 가득 실은 손수레를
뒤뚱뒤뚱 끌고 간다

손수레에 폐지는 비닐로 덮여 있는데
비에 젖은 노인
헐렁한 바지가랑이가
마른 장작 같은 종아리에
철썩, 철썩, 감긴다

| 제4부 |

가을잎

바람은 손을 놓고
나무는 제 살 한 잎 두 잎
몸서리도 없이 떨구고 있다

잎은 있던 자리를
뒤돌아보려는 듯
수직으로 내리지 못하고
머뭇머뭇 비틀거린다

딱지

어느 날 밤 한 남자가
음주 측정기를 피하려고 실갱이를 한다

나 오늘 짤려서 한 잔 했쥬
한 번만 봐주슈
사정이 아니라 울고 있다
그 옆으로 과속차가 스쳐 지나간다
쫓고 쫓기고 과속 딱지

아 글씨 딱지만 팔아도 옛날 집 판
값이 된다니까 히히히,

딱지 붙치미 하루 일당 얼마
그들은 번개 같다

대문 기둥에 하수구 뚫음
지붕 샐 때 방수

현관문에 피자 족발
조팝개 콧구멍
딱지 딱지 딱지
그 위에 또 딱지 딱지

이 생에 끼어든
딱지의 아우성

이 순경 유 순경

어느 날 동네에
두 명의 순경이 이사를 왔다

그 두 명의 순경님들은
작은 동네의 든든한 파수꾼이
되어줄 거라고
동네 사람들은 다 같이 좋아했다

비가 치적치적 오는 밤
태봉이를 간절히 부르는 소리에
밤잠을 설친 동네 사람들이
유 순경을 앞세우고 나섰다

논뚝 저 아래 수렁논 속에서
허우적거리는 사람
도깨비에 홀렸다고들 했다
〉

진흙이 범벅된 사람을 끌어내 붙들고 있던 손을
팽개치고 갑자기 동네로 줄행랑을 치고 만
유 순경

그리고 또 얼마 가지 않아 이 순경은 술을 먹고
열차에 뛰어들어 다리 한 쪽을 잃었다

동네 사람들은 순경들이 동네에 무슨
도움이 되느냐 하며 말들이 분분했다

폭우

검은 밤 보이지 않는 빗줄기가 밤새껏 소리쳤다
새벽이 하얗게 열리고 포크레인에 파먹혀 조금 남은
조각산은 섬이 되었다

붉은 황톳물 위로 돗대도 없이 방향을 잡지 못하고
떠다니는 건축 자재 스치로폴

지대 낮은 앞집 마당에 방주처럼 장독대들이 서로
부딪치며 마당 위를 휩쓸다 창을 향해 쓸려갔다
세상 모르고 잠에 취한 사람들 장대를 찾아들고
창을 두들겼다
창문이 열리며 비명소리
황토물은 방안으로 거침없이 빨려 들어갔다

퍼세식 화장실 오물들도 때 만난 듯 물 위에 떠다니고
저 건너 초상 난 목장집은 지붕 꼭대기만 남아

지표처럼 보였다
개천가 흐르던 물줄기는 보이지 않고
벙벙한 황토물 위에 귀귀한
공포가 내려앉고 있었다

천구백 팔십년대 소래포구 만조 시간과
폭우가 만든 홍수의 순간이었다

소

어느 산골 우사에서
우사 주인

사랑스럽다는 얼굴로
눈망울이 큰
황소의 누런 털을 쓸어주며

아 이놈들 다
내 자식 같은 놈들입니다

화면이 바뀌고

우사 주인
이놈들은
원체 좋은 사료로만 먹여
키워서
육질이 아주 좋아요

〉

불판에는 핏물이 낭자한 소의
살덩이가 지글지글

닭

그 많은 실업을 줄이기 위해
얼마나 많은 닭들이
목숨을 바쳤는가

그 숭고한 닭에 대하여
어느 누가 한 번이라도
생각해 본 일 있었던가

즐거운 먹거리에 일조를 하는
치킨

시장통마다
골목마다

닭대가리라는 그의 이미지를
치킨으로 승화시킨

멋진 닭

목동삼거리

차디찬 눈밭 위에서
새벽별을 보았다

꿈결처럼 생각나는
간밤의 일들

죽음까지 끌고 가려던
연탄가스

목동 삼거리
고가도로를 뛰어오며
엄마를 부르던 아이들

무사하고나 아이들아
생은 우리를
놓지 않았구나

엄마야

엄마,
응
비 온디야?
응,
왜?
봄이 오니까?

엄마,
응,
그럼 새들은
어디서 자는 거야?
처마 끝에서
응,

밤새도록
옛날이야기라도 하는 걸까
도란도란

숨 고르며 내리는 비

흙 속 씨앗들
돌아눕는 소리

이사

새벽이면 어둑한 계단의 침묵을 깨우는
콜택시 이층녀 발소리가 이젠 들리지 않는다

이곳으로 이사 올 때만 해도 이층집은
우리와 오래도록 정을 나누며 살자고 했지만
늘 자연에 산다를 시청하던 이층집은
정도 들기 전에 어디론지 이사를 가고 말았다

비가 치적치적 아스팔트에 젖는데
고양이 옆집 남이
집게와 봉지를 들고 꼭 이렇게 이사똥을
싸놓고 가야 되느냐고 투덜거린다

이층 새로남이 생글생글 웃으며
인사를 한다
저희 집은 아이들이 셋인데요
〉

이후 이층 새로남 집에서는
말 구르마 구르는 소리가
끊임없이 들렸다

메뚜기

무덥던 여름도 꼬리를 내릴 무렵
어느 창틈으로 기어들었을까

메뚜기 한 마리
메마른 방안을 이리저리 뛰고 있다

낯선 이곳 풀숲을 찾다
길을 잃었나

창을 열었다
잽싸게 뛰어나가는 메뚜기

이제 화단에 초록들도
옷을 벗고 동면에 드는데
어느 곳에서 안식을
취하고 있을까

잡풀

작은 화분 안에서
잡풀이 힘을 키운다
너를 뽑아낼까 말까

단지 잡풀이라는 이유로
꽃을 피우지 못한다는 이유로
허용할 수 없다는 생각은 뭘까

갈래갈래 뻗은 발톱들이
흙을 움켜쥐고 놓지 않는다

언젠가 누가 말했다
길가에 난 풀 한 포기도
뜻이 있어 난生다고

수술

지난가을 불꽃 같던 단풍
낙엽 되어 발치에 밟힌다

내 생 처음으로
내 인체에 칼을 대는 날
추운 공간에 송장처럼 누워
기다리는 시간이 천千 날 같다

저벅저벅 드디어 수술 시작인가
눈알을 뒤집어 까고
눈 속에 바윗덩이라도 들어 있었는지
망치질을 하는 것 같다

노랗고 퍼런 불빛이 눈에서
한동안 번쩍이고 의사의 한숨 소리

긴 시간 두 시간이 걸렸다고

왼쪽눈은 실명에 다다랐다고 했다

그냥 세월이 가니
눈이 어두워지나보다 했다
미안하다 그동안 내 삶에
빛이 되어준 너

자국

우리가 살아가는 동안
마음 안에 깊은 자욱을 남기고 간 사람들
수를 헤아릴 수는 없지만
상대에게 자신은 어떤 모습으로
남겨지고 지워졌을까

새로운 얼굴을 만나고 정을 나누고
세상에 제일 좋은 인연처럼 지냈던 이들

세월에 묻혀가는 그 얼굴들을
더듬어 보지만 안개 속으로 자꾸만
사라지는 슬픈 기억

입추

문득 서늘한 바람
매미 울음도 춥다

비워지며 채우는 시간들
귀뚜리는
어둠을 부르며
가을을 재촉하는가

푸르름이 왕성하던
나뭇가지마다
이파리들 까칠하다

새벽녘 문틈 바람에
이불을 끌어당기고

한밤의 고요는 내일의 무엇을
예고하는가

변덕

세상이 변덕이라
하늘도 변덕인가

엊그제 퍼붓던 소나기
어디에 감추고

어느저리 하늘은
파란 천 몸에 두르고
햇살로 웃고 있네

비 오는 날

개도 안 짖는 가을비는 오고
생각은 깊어 익어가는데
적막에 시샘인가 전화벨 소리

이 사람아 자네는 뭐 하는가
들에 추수 다 끝나고
객쩍 없는 비만 와서
방에 들어앉아 있으려니
할 일 없이 방문만 열었다 닫았다
한다네

고추농사 콩농사 새끼들 주는 재미에
세월 가는 줄 몰랐더니
이렇게 비가 오니
온몸에 몽둥이질을 하네

자네도 된장 간장
없으면 갖다 먹게

|해설|

삶 속에 박힌 티눈들

—오정자의 시시계

김유석 | 시인

개인적인 서사敍事를 바탕으로 한 리얼리티에 동화될 수 있는 것은 공동체의식 때문일 것이다. 오랫동안 생활운명을 함께 해온 개체들 사이 형성되는 자연스러운 감정의 형태는 동질감인데 그와 같은 의식은 소속된 집단에 대해 매우 능동적이고 민감한 반응을 보인다. 감정의 공동체를 형성하면서부터 사람과 사람 사이의 교감, 이를테면 희로애락을 공유할 수 있는 정신의 교류가 이루어졌을 것이며 삶은 곧 그것의 바탕이 되었을 것이다.

그러한 공동체로서의 삶을 전제할 때 생의 어떤 진술들은 그것을 직접 겪지 않은 사람일지라도 공감하기에 충분한 울림을 준다. 삶이란 단절되는 것이 아니기도 하려니와 세태가 변해도 그 본질은 크게 다르지 않기 때문이다. 경우에 따라서는 체험에 의지하기보다 타인의 그것으로부터 오히려 큰 위로와 감명을 받기도 하는데 직접적인 감정의 긴장이나 의식의 개입 없이 맡아지는 삶의 냄새들에서 보다 명징한 동질감을 얻을 수 있는 까닭이다. 대상이 가진 절대적 감정보다 간접적으로 전이되는 페이소스가 더 섬세하고 짙을 수 있다는 관점에서, 시詩적 진술은 객관적 실록이 아니라 야사野史임을 파악할 수 있으며 진정한 리얼리티는 그로부터 파생되는 것임을 인정할 수밖에 없는 숙제를 던지는 것이다.

『흑백사진』은 개인의 서사가 시대를 관통하여 어떠한 설득력을 얻을 수 있는가를 잘 보여준다. 티눈처럼 박여 있는 삶의 파편들을 극사실적으로 드러내 보이는 방법으로 공동체의 본질을 묻는 일이 이 시집의 덕목 중 하나일 것이다. 여기에는 우리들의 것이었고 적어도 우리가 공명할 수 있는 생의 줄거리들이 여러 갈래로 얽혀 있다. 흑백사진 같은 세상의 삽화 속에 아릿하고 쓸쓸한 사연들이 아련하게 담겨 있다. 색 바랜 기억 속의 자화상을 불러내 지난했던 날들을 회상하며 동반했던 생들을 연민의 눈길로 쓸어 다독거리는 시대적 아픔을 잔잔히 드러낸다. 또한 통속하는 인간성의 위선적 작태들을 사소한 정황들로 풀이하면서 그것들을 어떻게 수긍해야 하는가에 대해 넌지시 물은 후 그 속에 방치되어 있는 생명의식을 깨우치는 방식으로 화답한다. 그것이 곧 화자의 궁극적 텍스트임을 가늠하는 일은 그다지 어렵지 않다.

그리하여 시집의 시편들은 몇 몇 관점으로 주목할 필요가 있다. 고단했던 지난날의 모습과 그에 대한 연민이 앞서 동질감을 자극한다. 그러나 그 동질감의 이면엔 여전히 이기적이고 부조리한 인간의 불화가 잠재되어 있다. 아주 사소하게 모습을 드러내는 그것들을 여리면서도 모진 자연의 생명력을 통해 자아 속에 수렴하는 과정으로 작품들을 해석해야 마땅하다. 표면적으론 쉽게 도드라져 있지 않는 이 생명의식의 발현을 추리해나가야 자칫 고루한 나르시시즘으로 곡해할 소지가 있는 개인의 서사를 제대로 파악할 수 있다. 그 점이 그 어떤 시적 미학을 탐구하는 일보다 우선이며 그럼으로써 오정자 시인의 시학, 혹은 가치관에 근접할 수 있겠다.

집집마다 작은 창을 뚫고 나온 연탄난로
양철 굴뚝들이
누런 고드름을 문 채 아침 햇살에 녹아내리고
밤새도록 구들 속으로 화염을 토해내다가

하얗게 바랜 연탄재는
대문 밖에 팽개쳐져 나뒹굴었다

—「흑백사진」 부분

산비탈을 휘돌아 길이 없는
길을 내고 십구공탄 구멍에
새끼줄을 끼워 들고
오르고 내리던 곳

—「문화촌」 부분

군대를 갔다 온 오빠는 군대 이야기만 나오면
허홍이라는 상관 이야길 빼놓지 않았다

기압이라고 빽 하면 군화발로 정강이를 차기도 하고
매점에서 라면 하나 훔쳐 먹었다고
귀싸대기를 갈기고 풋샵을 시키고
한참 열이 오를 때는
내 소원이 무언지 아냐 사회에 나오면
그 새끼 만나 그대로 해주는 거야

몇십 년이 흐른 어느 날 오빠는
아, 내가 무궁화호를 탔는데
목이 말라 음료를 사 먹으려고

좌판 맨 놈을 불렀더니 그놈이 그놈이더란 말이다

옛날 같으면 너 잘 만났다 하고
나도 귀싸대기를 갈겼을 테지만
야, 왜 그렇게 그놈이 불쌍하던지
생각도 않은 먹을 것만 여러 가지
사고 말았어
허홍이 그놈도 나도 아뭇소리도
못하고 말이다 참….

—「허홍」 전문

기억 속의 삶들은 매우 불우하고 지난하다. 인용한 구절들에서 느껴지듯이 화자의 생은 주로 그러한 주변에 터를 닦고 있다. '연탄난로 양철 굴뚝'과 거기 매달린 '누런 고드름'이 햇살에 녹는 추운 풍경은 "십구공탄 구멍에 새끼줄을 끼워 들고" 살았던 한 시대의 사회상을 단번에 오버랩 시킨다. 이와 같은 삶은 비록 화자뿐만이 아니 당대의 세월을 건너온 대다수의 시공간이다. 그 내부엔 배가 고파 '무릇싹과 쑥에 사카린을 넣고 고와 먹던' 「흉년」 식구들의 까만 이빨이 보이고 '연탄가스에 죽음까지 끌려가던' 아이들 「목동삼거리」 모습들도 선연하게 찍혀 있다.

이렇듯 지난 시절의 실상을 꾸밈없이 보여주는 것은 아련한 자기위안이 아니다. 기억을 화두로 쓰여진 시편들이 과거사에 머무르지 않고 새삼 절절히 새겨지는 까닭은 서두에서 얘기한 동질의식의 유대감을 형성시키는 매개체 역할을 하고 있기 때문이다. '나'의 안에 들어있는 '우리'는 얼마나 닮았을까. 그 모습이 「허홍」에 선명히 도드라져 있다.

군대 얘기를 빌어 애증의 대상을 연민의 정으로 치환하는 장면이 참으로 아릿하다. "생각도 않은 먹을 것만 여러 가지/사고 말았어/허홍이 그놈도 나도 아뭇 소리도/못하고 말이댜 참…." 여기에 이르러서는 그만 목덜미가 서늘해지는 까닭은 누구나 한 번쯤 겪었을 법한 사연일 수 있기 때문이다. 온갖 구실로 상대를 괴롭히는 '허홍'이란 존재는 시적 공간인 군대에만 국한된 얘기가 아니라 오늘에 이르러 '갑'과 '을'의 관계까지 연계할 수도 있겠고 '나' 또한 누군가의 '허홍'일지도 모른다는 사실에 물음을 던진다. 그러나 이 작품의 미덕은 애증이 연민으로 바뀌는 순간에 있다. 귀싸대기 대신 생각도 못한 먹을 것만 사는 모습은 연민의 정체가 다름 아닌 자기화해의 감정이라는 사실에 고개를 끄덕이게 만든다.

은행나무 가지들은 앞집 뒷집 경계도 없이

담장을 넘어 마당을 건너
자꾸만 뒷집 창으로 뻗어만 간다

뒷집 주인 제 창으로 자꾸 기어드는 은행나무 가지를 흘겨보며
이놈의 은행나무는 어쩌자고 우리집으로 뻗어와
창을 가리는 거여,
투덜거린다

앞집 주인
은행나무 가지 좀 넘어갔다고 지랄이여 상종 못 할 놈이네,
맞수를 놓는다.

—「은행나무」 부분

어느 산골 우사에서
우사 주인

사랑스럽다는 얼굴로
눈망울이 큰
황소의 누런 털을 쓸어주며

아 이놈들 다
내 자식 같은 놈들입니다

화면이 바뀌고

우사 주인
이놈들은
원체 좋은 사료로만 먹여
키워서
육질이 아주 좋아요

불판에는 핏물이 낭자한 소의
살덩이가 지글지글

—「소」 전문

부조리한 인간의 삶 속에는 항상 불화가 존재한다. 아주 사소한 일만으로도 갈등하고 반목하며 또한 그것을 견디거나 극복하는 의지로 살아가는 일이 어쩌면 인생사일 것이다. 사람 사이의 질서를 주재하는 것으론 법과 도덕과 양심을 들 수 있다. 법은 강제성을 띠고 도덕과 양심은 자율성으로부터 비롯되는 자기규범이다. 여기서 오정자의 불화는 비교적 후자에 속한다.

은행나무로 인해 이웃 간의 다툼을 그린 「은행나무」의 정황은 텍스트를 떠나 조금 재미있다. 유년에 들었던 〈백사 이항복〉의 감나무 일화가 떠오를 만큼 다툼이라기보다 은행나무를 빗댄 공연한 화풀이라는 느낌이 든다. 시의 앞부분에선 가지를 두고 실랑이를 벌이고 다 인용하지 못한 시의 후반부에서는 낙엽을 두고 또다시 옥신각신하는데 '상종 못할 놈' '이웃 간에는 황소 한 마리를 두고 다투지 말라는 옛말도 모르는 무식한 놈' 사이에서 '말없이 그저 노란 잎만 떨구는' 은행나무를 보자면 다툼이 아니라 이웃 간의 허물에 불과할 수도 있다는 것을 짐작할 수 있다. 이와 같은 정황은 폭우에 쓸려간 논배미의 비료 물을 두고 책임소재를 따지는 논두렁 다툼 「물꼬」이나 동네사람들의 믿음을 엉뚱하게 저버리는 공인 「이 순경 유 순경」의 일탈을 그린 작품 등에서도 은근히 나타난다. 약간은 희화화된 모습으로 사소한 것들에 대한 감정을 드러내는 부분들을 불화라 이른다면 오정자의 그것은 공동체의 정체성을 묻는 자의식의 한 방편이라 할 것이다.

반면 「소」의 경우는 상당한 거리가 있다. 이율배반적인 인간의 이중성을 정면으로 드러내는 점이 그렇다. 자식 같다던 소를 한순간에 먹음직스런 고깃덩어리로 인식하는 우사 주인의 위선은 아프고 섬뜩하다. 경제적 사정으로 소를 치는 것은 자명한 사실이지만 직접 나서 생명체를 먹이로 광고하는 일은 인간의 잔인성과 탐욕의 내면을 그대로 보여주는 것으로밖에 해석할 수 없다.

시집에는 이와 비슷한 시각을 견지하는 시들이 몇 편 등장한다. 인간에 의해 삶의 터전에서 내몰린 멧돼지들 「땅」, "돈이면 정도 띠어 놓을 수 있응게"로 대변되는 부동산개발 현장들 「향촌」, 콘크리트 벽에 환하게 웃던 작은 화단마저 잃는 「목단」과 같은 작품들이 「소」의 맥락과 상통한다. 이러한 화자의 의식은 온건한 불화의 범위를 넘어 냉철한 현실자각에 가깝다.

그리고 그 자각은 각박한 세태 속에서도 스스럼없이 자생하는 여린 생명들을 통해 화해하려는 정신적 의지로 이어진다.

지난가을 빌라 좁은 화단에 꽃 대신 고추를 심어놓고
매일 들여다보던 노인 그 고추 옆에 오이 한 포기를 심었다
여름 내내 심심찮게 열리는 오이 재미를 보았는데
찬바람 불어 늦가을 고춧대를 뽑아내다가
문득 말라가는 넝쿨이 매운 고춧대를 감고 매달려 있는
노각 하나를 보고 그 고추대를
차마 뽑아내지 못했다

—「노老각」 부분

베란다 한쪽에서
추위를 견디며

늙어가던 감자들이
와글와글
반란을 일으키고 있다

힘겹게 아파트 숲을 넘어온
햇살이
베란다 창에서 놀고 가는 사이
탱탱하던 몸들이 아리도록
파랗게 멍이 들어
쭈글거리기 시작하더니

어느 날 문득 그 살갗을
뚫고 티눈들이 불쑥불쑥

그리고는
보랏빛 줄기들로 봄을 향해
힘차게 힘차게
치솟아 오르고 있었다

―「태동胎動」 전문

고춧대와 그 고춧대에 몸을 맡긴 오이넝쿨은 터전을 잃은 주변의 삶이다. 좁은 공간일망정 서로를 의지하고 살아가는 풋것들에게서 얻는 일말의 위안은 생명력이다. 그것을 지켜

보는 심심찮은 노인의 재미는 그것들과 스스로를 동질화시키는 것으로부터 나온다. 고춧대를 말아 쥔 채 매달려 있는 늙은 오이에서 비바람에 파닥이던 이파리들과 눈물방울처럼 맺히던 지난날의 꽃송이가 보이기 때문에 시기가 닥쳐도 뽑아내지 못하고 망설이는 것이며 한편으론 그것이 노인의 뒤안길과 겹쳐 보이는 연유이기도 하다. 좁은 공간에서 고춧대를 붙잡고 살아가는 노각에 화자의 생을 병치시키는 의미가 예사롭지 않게 새겨진다.

「태동胎動」은 스스로 발아하는 자연의 생명력을 주시한다. 베란다 구석에서 퍼렇게 멍들어가던 감자알이 콘크리트 건물 새로 트이는 한 가닥 햇빛에 움을 틔우는 장면은 극한 환경에도 굴하지 않는 생명에 대한 경이이다. 인간의 힘을 빌지 않더라도 순응하는 자연의 섭리를 역동적으로 그리고 있다.

오정자의 생명의식은 이처럼 안쓰럽고 끈끈하며 소슬하면서도 따뜻하다. 대상에 대한 연민의 심성으로부터 길어진 그것이 그의 가치관임을 함축할 수 있는 작품이 「소통」이다.

많은 시간 밀고 당기는
생채기로
이가 벌어지기도 했다.

비바람에 뒤틀리기도 했다.

그럴수록 더 완고해진 틈의 여유
그 사이로 쉿—쉿
속내와 소통하고 있다

굳게 다문 하이샷시가 싫다
오랫동안 내 안방을 지키고
바람 불면 흔들거리며
적막을 깨워주는
나무 창틀이 좋다

비 뿌리면 빗물에도 젖어주고
햇볕을 받을 때는 젖은 몸을
조금은 휘어져 줄 줄도 아는
그 부드러운 틈 사이가
나는 좋다.

—「소통」 전문

'굳게 다문 하이샷시' 보다 '나무 창틀이 좋은' 까닭은 '틈'을 가졌기 때문이다. 앞서 밝혀졌듯이 '틈'이란 삶의 '생채기'이며 '생채기'는 또 '적막'을 깨우는 자기소통의 개체이다.

나무 창틀을 삶이라 치면 거기 난 틈들은 삶을 영위해 온 온갖 희로애락의 상처들일 것이다. 그 사연들은 처음 난 상태대로 굳질 않는다. 빗물에도 젖어주고 햇볕을 받아 조금은 휘어져줄 줄도 알며 세월을 탄다. 어느새 부드러운 틈 사이가 되어 나에게 말을 걸어오는 것이다.

이 작품에서 특히 주목하고 싶은 부분은 '완고해진 틈의 여유'와 '바람 불면 흔들거리는'에 있다. '완고해진 틈'이란 인생관의 정립으로 읽히며 그 틈의 '여유'는 모든 생채기들을 수용할 수 있는 포용력으로 해석되는데 '안방'이란 낱말이 그 중심을 이룬다. 그러나 그조차 미완성의 틈인 것은 바람 불면 흔들거리기 때문이고 생의 그 순간까지 계속 적막을 깨우기 위해 이가 벌어지고 뒤틀리리란 사실이다.

『흑백사진』은 의미론적 가치 외에도 되새길만한 특징을 담고 있다. 선뜻 구어체의 활용이 눈에 띈다. 비유나 상징보다 직설적인 화법으로 텍스트를 끌어가는 데에 거침이 없다. 작품마다 하나의 이야기를 풀어 넣어도 느슨해지지 않게 호흡을 가다듬는 그것의 역할이 전혀 어색하지 않은 이유는 그 속에 들어있는 토속적 비유들 때문일지도 모른다. '소금 뿌린 미꾸라지처럼' '개도 안 짖는 가을비' '보습에도 철컥철컥 붙는 인절미 같은 땅' '팥 바구니 쥐 드나들듯'과 같은 표현들은 텍스트에 구수한 사람냄새를 쪄 얹는다. 또한 '둥구' '나락뭇' '둠벙물' '먹딸기' 등의 남도 말의 구사도 고려해 볼 만한 미학적 가치가 충분하다.

끝으로, 좋은 시는 동시와 닮았다는 말을 떠올리며 한 편의 시를 또박또박 읽어본다.

엄마,
응
비 온디야?
응,
왜?
봄이 오니까?

엄마,
응,
그럼 새들은
어디서 자는 거야?
처마 끝에서
응,

밤새도록

옛날이야기라도 하는 걸까
도란도란
숨 고르며 내리는 비

흙 속 씨앗들
돌아눕는 소리

—「엄마야」 전문